考える力がつく

社会科
なぞぺ〜

〈小学 **3**〜**6**年〉

高濱正伸・狩野 崇 （花まる学習会）

草思社

JN040794

はじめに

　この本は、思考力を育てる「なぞぺー」シリーズの中で、初めての社会科の本です。地理と歴史を中心に各分野を網羅する形で編集してあります。

　もちろん、一般的な参考書や問題集のように、子どもたちに基本的な知識を覚えて社会の教養を身につけてほしいという思いもあります。しかし、この本の一番の目的は、社会科を学ぶ喜びと面白さに触れ、そのことを通じて「考える力」をつけてもらうことです。

　例えば、甲冑やお城、お壕の問題には、「なぜこんな形なのだろう」「なぜ時代によって形状・構造が変わっていったのだろう」という疑問を持てる人になってほしいという願いを込めています。教科書にイラストなり写真なりが掲載されていて、「これが鎧だよ」と教えられて、「はーい」と覚えるだけ。これではただの記憶マシーンだし、コンピュータに絶対に負けてしまう能力だし、第一、面白くありません。

　そこで「フーン」と鵜呑みにするのではなく、頭を使う人、「なんでこんなものが必要なんだろう」「なぜこんなデザインにしたのだろう」と、疑問を持てる人になってほしいのです。どんなことにでも、驚きや疑問を感じて、考え抜き、自分の言葉として蓄積できる習慣は、本当の学力・実力の土台となります。また、問題を考え抜いて一つの解答にたどり着くまでの過程で、その時代の「文化的背景」や「技術力」、当時生きていた人の「ニーズ」などによって、ある道具や構造物のデザイン・形が決まるのだなと理解できるようになります。これは、今日の道具類にも、全く同じように応用できることだし、それは人生を豊かにする見方でもあります。

　道具と言えば、例えばP93の矢立の問題などは、算数の思考力問題において「補助線」を想像することにもつながるものです。表面的に眺めていても何も思い浮かびません。「携帯して持ち歩いたということは、割と日常的に使う機会があったということだな」、「空き

2

缶のようなスペースがあるということは、液体か何かを入れるということ？」「細長いことにも意味があるだろうな」というように、見えない「必要条件」を絞り込んでいくことによって、現代で使っているあれだなと、正解にたどり着きます（矢立に限れば、習字を習っていたりすると、ひらめきが早いかもしれませんね）。このような「見えない条件を見る力」は、教えてもらう知識ではなく、うんうんと考え抜く経験の中でこそ培われるものです。保護者側が少しずつヒントを言う形でもよいですが、理想を言えば、何日かかっても自力で「あ、分かった！」となるまで考え続けてほしいと思います。その一度のひらめきの喜びは、思考力の筋力とも言うべき力となり、今後につながるでしょう。

　他にも、「間違い探し問題」で目指すのは、細部まで明確な時代イメージを持てるようになることです。例えば縄文時代の人たちの中にスーツを着ている人がいる、というような設定であれば、だれでもすぐに「これはおかしい」と気づきます。しかし、この本の水準になると立ち止まり困惑するでしょう。突破するのに必要なのは、歴史を好きになり、その時代時代のイメージを豊かではっきりしたものにすることです。そうすれば、この本にある問題でも、即座に「おかしい！」と感知できるようになります。パズル問題のように遊びとして取り組む中で、深い理解に結びつけてくれればと思います。

　このように、一問一問が、子どもたちの頭をグルグル回転させ、社会科を大好きになり、深くて広い教養を身につけてもらえる一助となるように工夫を凝らしています。

　この本を多くの子どもたちが、遊びのように楽しんで取り組み、結果として「社会科が楽しい！」「もっと知りたい！」と感じて、考える喜びを知る人を育てていく一助になれば幸いです。

花まる学習会　高濱正伸

考える力がつく 社会科なぞぺ〜

もくじ

レベル 1

社会科なぞぺ〜A問題

社会科なぞぺーＢ問題

この本の使いかた

1　問題のレベルと種類

　本書は、A問題、B問題、コラム「社会科に興味を持つために」と、巻末の旧国名地図の4つから構成されています。B問題は、A問題で学んだことを踏まえて考えるようになっており、すこし難易度が上がっています。

　各問題のページをめくると、答え（または答えと解説）が載っています。旧国名に関する問題（49，89，91ページ）は、巻末の旧国名地図を見ながら考えるようになっています。

　各問題は、生活科、地理、歴史、公民の4教科を網羅するようにして出題されています。それぞれ具体的な例を少し挙げると、生活科では身近にあるもの、習慣の意味を考えてみる問題などがあり、地理ではグラフを読み解くようなオーソドックスなものから世界の家屋を考えてみる問題などが含まれています。歴史では、イラスト間違い探しのほか、服装の歴史を考えてみるものや、お城の構造について考えるものもあります。また公民では、防災やリサイクルについての意識を高められるような問題などを入れています。

　なかには、算数的な考え方をからめて使う問題もあり、社会科にとらわれないで自由に発想することが答えにつながります。

2　注意点

　「なぞペー」シリーズを通して言えることですが、問題を正確に解き、能力を伸ばすことよりも重要なのは、「考えることそのものを好きになってもらう」ことです。ですから、あくまでも、子どものペースで、自分の力で考えられるようにしてあげてください。問題につまずいている時に、答えに誘導しようと焦らないことが肝心です。

　また、「何でわからないの？」などと、感情的な言葉や否定的な言葉で追い込むことは、まさに「伸びる芽を摘む」行為ですから、十分に注意しましょう。

　やる気の中で、伸び伸びと解かせる。このことを大事にしてください。

登場人物の紹介

先生

花まる学習会の社会科の先生。
生活科、地理、歴史、公民の
ことなら何でも知っている

たかし君

小学4年生の男の子。
好奇心旺盛で、
何にでも興味を持っている。

マークの見方

生	……生活科に関する問題	歴	……歴史に関する問題
公	……公民に関する問題	地	……地理に関する問題

著者 ● 花まる学習会代表　高濱正伸
　　　　　　花まる学習会　　　狩野 崇

図版トレース ● 広田正康

カバーイラスト・挿画 ● the rocket gold star

デザイン・DTP ● 南山桃子

考える力がつく

社会科なぞぺ～

A
問題

1 マンホールの ふたはなぜ丸い？

生

マンホールは何のためにあるの？

下水道がこの下を流れているから、ふたをしているんだよ。

地いきによっていろいろなデザインがあるんだ！

へえっ、おもしろい！

でも、どうしてほとんどのマンホールのふたは丸い形なんだろう？

上から

横から

下水

丸い形には意味があるよ。だん面を見て考えてごらん！

ヒント

・四角形や三角形のふただとどうなるか考えてみよう

11

1 マンホールのふたはなぜ丸い？

答え

ふたが落ちるのを防ぐため

解説

丸いふたは、どの向きにしても下に落ちることがないけれど、
他の形の場合は向きによっては落ちてしまう。
身近なものの形には、それぞれ理由があることが多いよ。
じっくり観察して考えてみよう！

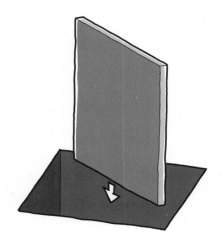

四角形のふた

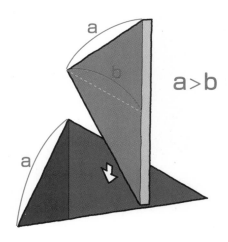

$a > b$

三角形のふた

2 どの地いきの家？
日本へん

地

地図の中から、

それぞれの家がどの地いきの家か選んでみよう！

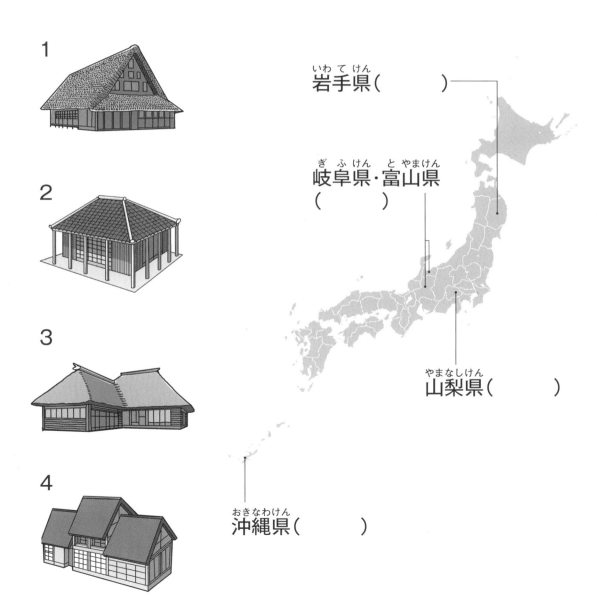

1

2

3

4

岩手県(　　　　)

岐阜県・富山県
(　　　　)

山梨県(　　　　)

沖縄県(　　　　)

2 どの地いきの家？ 日本へん

答え

岐阜県・富山県（ 1 ）

ごう雪地帯なので、雪の重みにたえられるように、屋根が急こう配になっているよ。「合掌造り」という形式だよ

岩手県（ 3 ）

「曲り家」という家と馬屋が一体となった建物だよ

沖縄県（ 2 ）

屋根のひさしが大きくはり出していて、南国の強い日光や雨が室内に入るのをふせいでいる。屋根がわらは、台風で飛ばされないよう「しっくい」で固定されているよ

山梨県（ 4 ）

生糸をつくるカイコをかうための「突き上げ屋根」が特ちょうだよ。カイコがすごしやすいように通気せいと日当たりをよくしているんだ

3 どの地いきの服？

地

地図の中から、それぞれの服が
どの地いきのものか選んでみよう！

(　　　)(　　　)(　　　)(　　　)(　　　)(　　　)

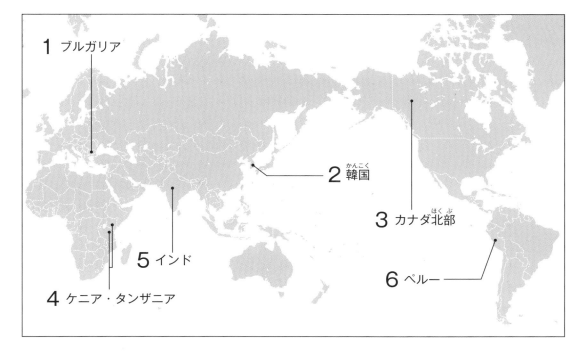

1 ブルガリア

2 韓国

3 カナダ北部

5 インド

6 ペルー

4 ケニア・タンザニア

3 どの地いきの服？

答え

（ 2 韓国 ）

「チョゴリ」
という上着

「チマ」というスカート。
上着とあわせて
「チマチョゴリ」というよ

（ 5 インド ）

「サリー」という5メートル
以上もあるぬのをはおるよ

サンスクリットという
古代のインドの言葉で、
「細長いぬの」という意味だよ

（ 1 ブルガリア ）

「リザ」という
ワンピース

「スクマン」と
よばれる
ジャンパー
スカート

「ツァルブリ」という
とがったくつ

（ 6 ペルー ）

かみは
3つあみにするよ

山がく地帯の
民族いしょう
「ウアイノ」

（ 3 カナダ北部 ）

アザラシや
トナカイの毛皮

イヌイットの人
たちの服だよ

サイズが大きめで、
体と服の間に空気がたまり、
ほ温効果があるよ

**4 ケニア・
タンザニア**

「マサイシュカ」
というぬのをまとう

定番カラーは赤。
広いサバンナでも
よく目立つよ

4 地図記号のもとを考えよう

地図記号には、その形のもとになったものがあるよ。それぞれの記号が何で、どの説明を指しているかな？

( ) ・

・ 電気を作るための歯車と、電気を送るための電線が描かれているよ

( ) ・

・ おしろを作るときのせっ計図（「なわばり」という）がもとになっているよ

( ) ・

・ 機械を動かすための歯車の形がもとになっているよ

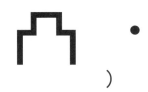

( ) ・

・ 建物をたおすときに使う「さすまた」がもとになっているよ

4 地図記号のもとを考えよう

答え

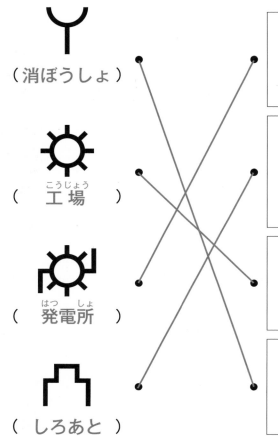

（消ぼうしょ）

（工場）

（発電所）

（しろあと）

電気を作るための歯車と、電気を送るための電線が書かれているよ

おしろを作るときのせっ計図（「なわばり」という）がもとになっているよ

機械を動かすための歯車の形がもとになっているよ

建物をたおすときに使う「さすまた」がもとになっているよ

他にも、下のような記号があるよ！

鳥いを表す神社
分どうの形の銀行
小学生が考えた老人ホーム

果物の形の果じゅ園
ふた葉を表す畑

5 どの地いきの料理？

地

地図の中から、それぞれの食べ物が
どの地いきのものか選んでみよう！

1 タコス

トルティーヤというトウモロコシの
粉から作るうすいパンで肉や野菜を包む

2 ピロシキ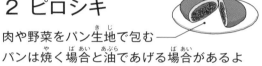

肉や野菜をパン生地で包む
パンは焼く場合と油であげる場合があるよ

3 シシケバブ

ケバブは「焼いた肉」という意味だよ
シシは「くし」を表すんだよ

4 ヒンカリ

ギョーザの皮のような生地
中はひき肉や野菜、こう草などが入るよ

5 タジンなべ

肉や野菜をむし焼きにするよ
どく特の形がむし焼きに最適なんだよ

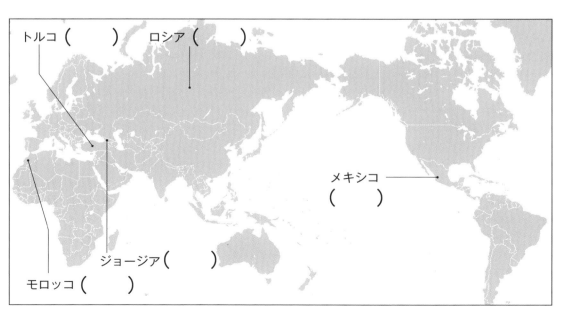

トルコ（　　　）　　ロシア（　　　）

メキシコ ——
（　　　）

ジョージア（　　　）

モロッコ（　　　）

5 どの地いきの料理？

答え

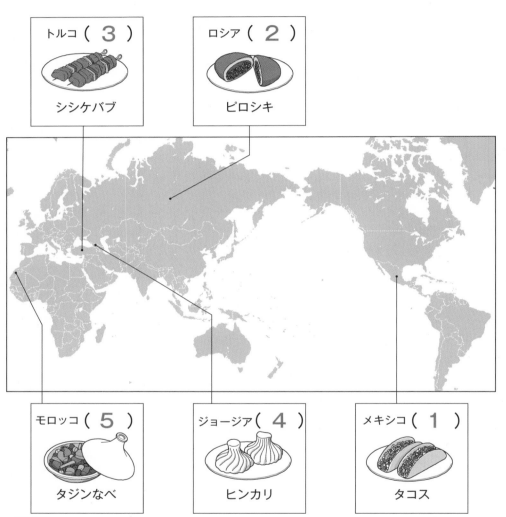

トルコ（ **3** ）
シシケバブ

ロシア（ **2** ）
ピロシキ

モロッコ（ **5** ）
タジンなべ

ジョージア（ **4** ）
ヒンカリ

メキシコ（ **1** ）
タコス

解説

世界には地いきの特色を生かした色いろな料理があるよ。中には日本でも食べられるものもあるけれど、その場所に行かないと食べられないものもまだまだたくさんあるんだ！

6 都道府県名 クロスワードパズル①

都道府県名を使って、
クロスワードパズルを完成させよう！
（1つのまとまりには、同じ都道府県は入らないよ）

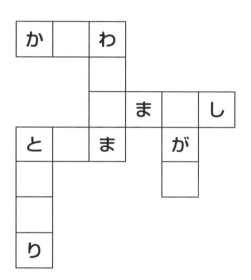

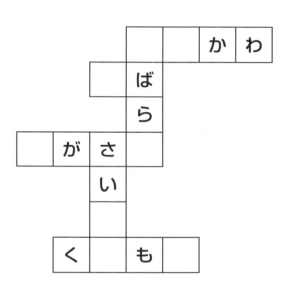

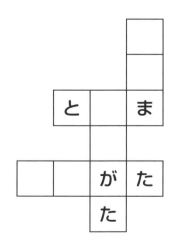

6 都道府県名クロスワードパズル①

答え

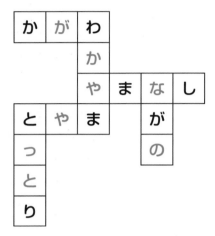

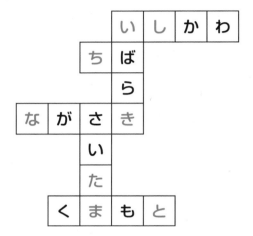

7 地図をたどろう！

地

文章の通りに進んで、通った道に線をひこう！

①果じゅ園と畑の間にある神社を出発して、最初の角を東に曲がろう。

②お寺の角を南東に、図書館の角を南に曲がり、銀行を通りすぎるよ。

③次の角を曲がり、消ぼうしょの前まで進もう。

④消ぼうしょの前の道を北西に進み、病院の西側の道を北に進もう。

⑤交番と老人ホームのある交差点を東に曲がり、

⑥最初の角を曲がって目の前の建物がゴールだよ。

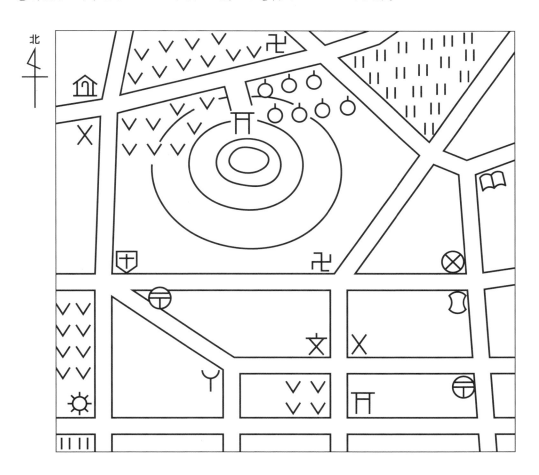

7 地図をたどろう！

答え

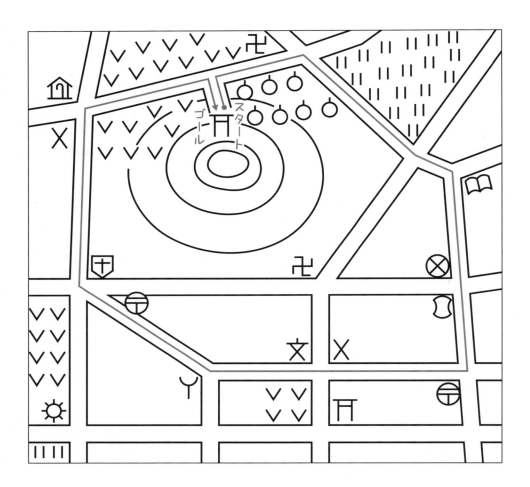

神社があるのは丘の中ふく。うずまきのような線は「等高線」といって、高低差を表しているんだ。線と線の間がはなれていればゆるやか、せまくなっていれば急な高低差を表すよ。
上の図の場合は、円の中心に向かって高くなっているよ。

8 どの地いきの文字？

地

下の文字は、どれも「こんにちは」を
表しているよ。それぞれ、世界のどの地いきで
使われている文字かな？

アラビア文字	ヘブライ文字	ハングル文字	デーヴァナガリー文字

السلام عليكم   שלום   안녕하세요   **नमस्कार**

(　　　　　) (　　　　　　) (　　　　　　) (　　　　　　　)

イスラエル

韓国

サウジアラビア

インド

8 どの地いきの文字？

答え

アラビア文字

السلام عليكم

（サウジアラビア）

右から左に読み進めるよ。アルファベット、漢字に次いで、世界で3番目に使用人口が多い文字だよ。

ヘブライ文字

שלום

（イスラエル）

イスラエルで、主にユダヤ人の間で使われている文字だよ。アラビア文字のように右から左に読むよ。文字の数は22種類あるよ。

ハングル文字

안녕하세요

（　韓国　）

韓国や北朝鮮で使われている文字。15世紀のなかごろに、世宗という朝鮮の王様がつくったとされるよ。そのころの正式な呼び名は「訓民正音」というんだ。

デーヴァナガリー文字

नमस्कार

（　インド　）

主にインドで使われているよ。文字どうしが1本の線でつながっているのが特ちょうだよ。インド以外ではネパールでも使われているよ。デーヴァナガリーとは「せいなる都市の文字」という意味なんだ。

9 季節の行事

生

行事にはいろいろな意味や願いが
こめられているよ。行事と意味を結んでみよう。

しょうぶ湯

●

● ご先ぞのれいを送りむかえ
する

しょうりょう馬

●

● 男子の健康な成長を願う

ハロウィン

●

● 死者のれいをむかえ、
しゅうかくを祝う

年こしそば

●

● 長く健康でいられるように
願う

27

9 季節の行事

答え（こた）

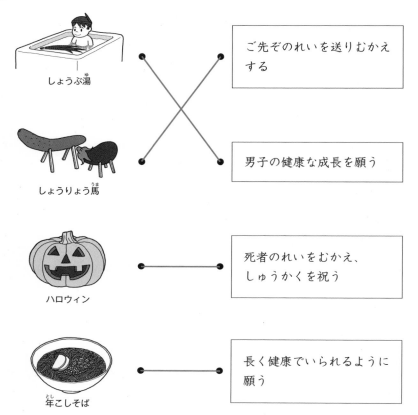

- しょうぶ湯（ゆ）
- しょうりょう馬（うま）
- ハロウィン
- 年こしそば（とし）

- ご先ぞのれいを送りむかえする
- 男子の健康な成長を願う
- 死者のれいをむかえ、しゅうかくを祝う
- 長く健康でいられるように願う

解説（かいせつ）

しょうぶ湯は、5月（がつ）5日（か）のたんごの節句（せっく）にわかすふろだよ。しょうりょう馬は、ご先ぞのれいが来（く）るときはきゅうりの馬で急（いそ）いで来（き）て、帰（かえ）りは名残（なごり）おしいからなすの牛（うし）でゆっくり帰る、という意味がある。ハロウィンは、もともとはヨーロッパのケルト人の祭（まつり）だと考（かんが）えられている。年こしそばの由来（ゆらい）は色（いろ）いろな説（せつ）があるけれど、細（ほそ）く長いそばが長生きを連想（れんそう）させたのかもしれないね。

28

10 おせち料理のひみつ

生

1 みんなが「よろこぶ」ように
2 こしが曲がるまで長生きするように
3 子どもがたくさん生まれるように
4 いつまでも元気でいられるように
5 ほう作がおとずれるように
6 学問や教養が得られるように

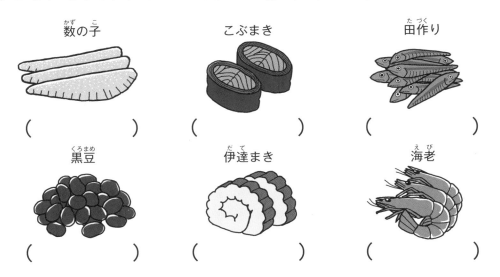

数の子

こぶまき

田作り

( )　　( )　　( )

黒豆

伊達まき

海老

( )　　( )　　( )

10 おせち料理のひみつ

答え

数の子	こぶまき	田作り	黒豆	伊達まき	海老
（3）	（1）	（5）	（4）	（6）	（2）

解答

1 みんなが「よろこぶ」ように＝こぶまき

　　よろこぶとこぶをかけているよ

2 こしが曲がるまで長生きするように＝海老

　　海老のこしが曲がった形が長生きを連想させるね

3 子どもがたくさん生まれるように＝数の子

　　ニシンのたまごはつぶが多いので子だくさんにつながるね

4 いつまでも元気でいられるように＝黒豆

　　体がじょうぶなことを「まめ」というんだよ

5 ほう作がおとずれるように＝田作り

　　昔、イワシはいな作のひ料として使われたので、ほう作を
　　願っておせちに入れるよ

6 学問や教養が得られるように＝伊達まき

　　昔の書物（まき物）ににた形から、学問や教養に結びつけら
　　れたよ

11 食べ物（たもの）がおいしい しゅんはいつだろう？ 生

食べ物としゅんの季節（きせつ）を結（むす）んでみよう！

おくら　　　　ほうれんそう　　　わかめ　　　　しいたけ

●　　　　　　　●　　　　　　　●　　　　　　　●

●　　　　　　　●　　　　　　　●　　　　　　　●

春（はる）　　　夏（なつ）　　　秋（あき）　　　冬（ふゆ）

さけ　　　　　うなぎ　　　　　青うめ　　　　いちご

●　　　　　　　●　　　　　　　●　　　　　　　●

●　　　　　　　●　　　　　　　●　　　　　　　●

春　　　　　　夏 　　秋　　　　　　冬

11 食べ物がおいしいしゅんはいつだろう？

答え

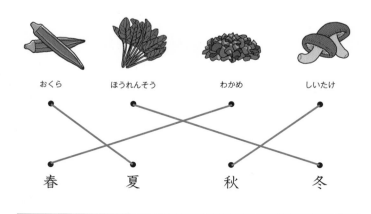

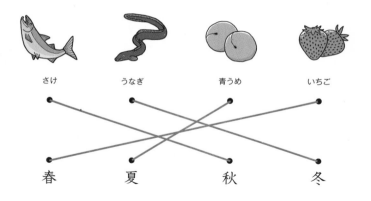

解説

さいばいぎじゅつの進歩によって、今ではいつでもいろいろな季節の食べ物が手に入るね。でも、本来は食べ物ごとに「しゅん」があるんだ。中には、「初ガツオ」と「もどりガツオ」のように、しゅんの時季がいくつかあるものもあるよ。

うなぎは夏の「土用のうしの日」によく食べられるけど、食べ物としてのしゅんはあぶらが乗る冬だよ。土用のうしの日に食べる風習は、江戸時代に平賀源内という学者がひろめたんだよ。

32

12 都道府県庁所ざい地名 クロスワードパズル

都道府県庁所ざい地名を使って、

クロスワードパズルを完成させよう！

（１つのまとまりには、同じ所ざい地は入らないよ）

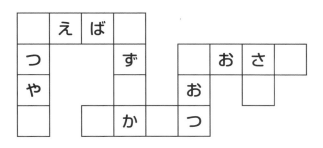

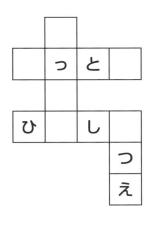

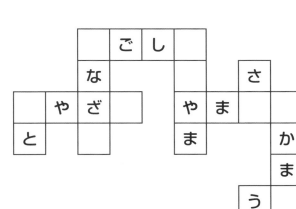

12 都道府県庁所ざい地名クロスワードパズル①

答え

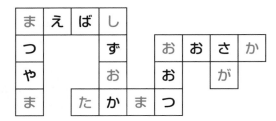

ま	え	ば	し
つ		ず	
や		お	
ま		た	か	ま	つ

(大阪, おおさか / おおさか / おおさか / が)

なごや / く / ら / まつやま / ぐ / も / こうち / と

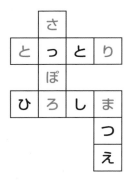

とっとり / さ / ぽ / ひろしま / つ / え

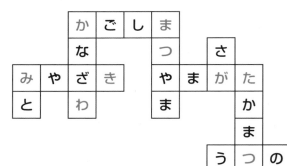

かごしま / な / つ / さ / みやざき / やまがた / と / わ / か / ま / うつのみや

みと / く / なごや / ま / お / は / ざ / もりおか / きょうと / つ

こうふ / う / く / お / べ / しずおか / ま / つ

13 リサイクル

公

道路のほそう

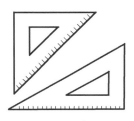

文ぼう具

タイル

自動車部品

フライパン

衣類

13 リサイクル

答え

ペットボトルは

衣類や文ぼう具などに

ガラスびんは

タイルや道路のほそうなどに

アルミかんは

フライパンなどに

スチールかんは

自動車部品などに

14 グラフを選ぼう！
日本の気候へん

地

ヒントをもとに、
どの地いきのこう水量グラフか考えてみよう。

香川県（　　）…夏も冬も雨がとても少ないから、ため池がたくさんあるよ

石川県（　　）…夏はあまり雨がふらないけど、冬のこう水量（雪）がとても多いよ

三重県（　　）…台風の通り道だから、夏のこう水量がとても多いよ

沖縄県（　　）…夏のこう水量が多くて、1年中あたたかいよ ☀

1
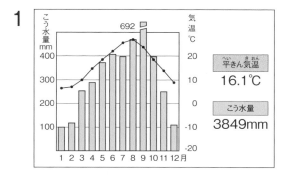

平きん気温
16.1℃

こう水量
3849mm

2
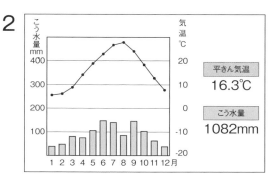

平きん気温
16.3℃

こう水量
1082mm

3
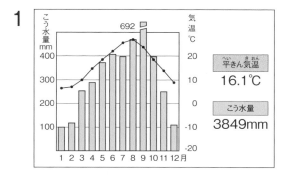

平きん気温
14.6℃

こう水量
2399mm

4
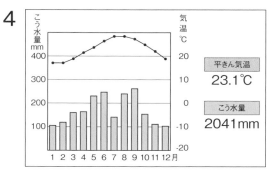

平きん気温
23.1℃

こう水量
2041mm

14　グラフを選ぼう！日本の気候へん

答え

石川県 （ ３ ）

香川県 （ ２ ）

三重県 （ １ ）

沖縄県 （ ４ ）

解説

日本列島は南北に長く、中央部を山脈が走っているため、地いきによって気候に特色があります。大まかには、日本海側は冬のこう水量が多く（雪が多い）、太平洋側は夏のこう水量が多くなります。また、瀬戸内や内陸部（海に面していないところ）では、１年を通してこう水量が少なくなるよ。

15 世界のお金

公

それぞれどの国のお金か、考えてみよう！

1　ポンド
£

2　ウォン
₩

3　ルピー
₹

4　ペソ
$

5　ルーブル
₽
4

6　リラ
₺

7　バーツ
฿

8　リヤル
R

9　トゥグルグ
₮

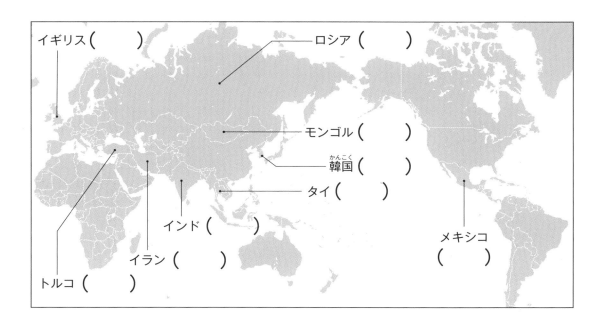

イギリス（　　）

ロシア（　　　）

モンゴル（　　　）

韓国（　　　）

タイ（　　　）

インド（　　　）

メキシコ
（　　　）

イラン（　　　）

トルコ（　　　）

15 世界のお金

こた
答え

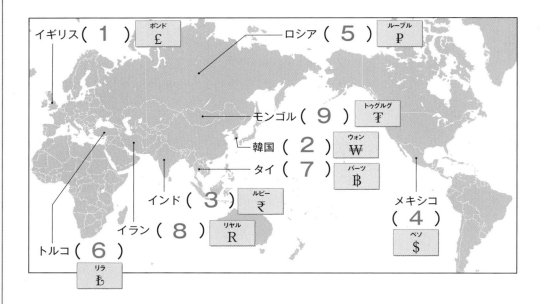

かいせつ
解説

さま　　　　　　　　　　　　　　　　　　　　　　　　　　なまえ
世界には、様ざまなお金があり、名前もそれぞれだよ。名前の
ゆらい　　　　　きん　　　　　おも　　　　たんい
由来は、金ぞくの重さの単位や、重さをはかる「はかり」など
おお
が多く、「ポンド」や「リラ」、「ペソ」、「バーツ」がこのパター
おうさま　　　　　　　　　　　　　　　　ぎん
ンだよ。「リヤル」は王様、「ルーブル」や「ルピー」は銀のか
いみ　　　　　　　　　　　　　　　　　　　まる
たまりを意味するよ。「ウォン」はもともとは「丸い」という
にっぽん　えん　　き　　　　　おな
意味で、日本の「円」と起げんが同じだよ。「トゥグルグ」も
かたち　き
丸いという意味。コインの形から来ている名前だね。

16 円高、円安ってなに？ 公

先生とたかし君が、円高・円安について
話をしているよ。

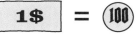
100円で1ドルと
交かんできたのに……

2まい必要になっちゃった！

1ドルと交かんするのに
100円必要なとき、1ドル＝100円
という。これが1ドル＝200円
になったら「円安」になったというよ。
100円玉1まいの値打ちが半分に
下がったからだよ。

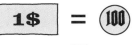
100円出さないと1ドルを
手に入れられなかったのに……

50円で手に入れられるように
なっちゃった！

ぎゃくに1ドル＝100円から
1ドル＝50円になったら
「円高」になったというよ。

なるほど！

もし海外旅行に出かけるとしたら、円安、円高の
どちらの時にしたほうがお得になるかな？

16 円高、円安ってなに？

答え

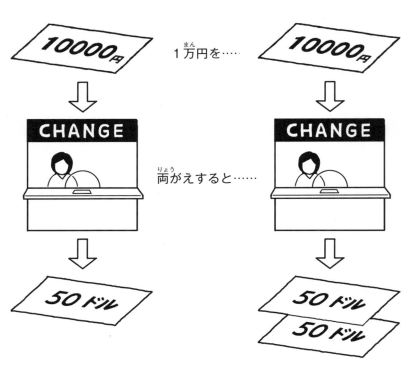

〈円安のとき〉
1ドル200円だったら

〈円高のとき〉
1ドル100円だったら

1万円を……

両がえすると……

10000 ÷ 200 ＝ 50 となり、
日本から持っていった1万円で
50ドルが手に入る

10000 ÷ 100 ＝ 100 となり、
日本から持っていった1万円で
100ドルが手に入る！

つまり……

円高の時に旅行したほうがお得　だね！

17 都道府県名
クロスワードパズル② 地

都道府県名を使って、
クロスワードパズルを完成させよう！
（1つのまとまりには、同じ都道府県は入らないよ）

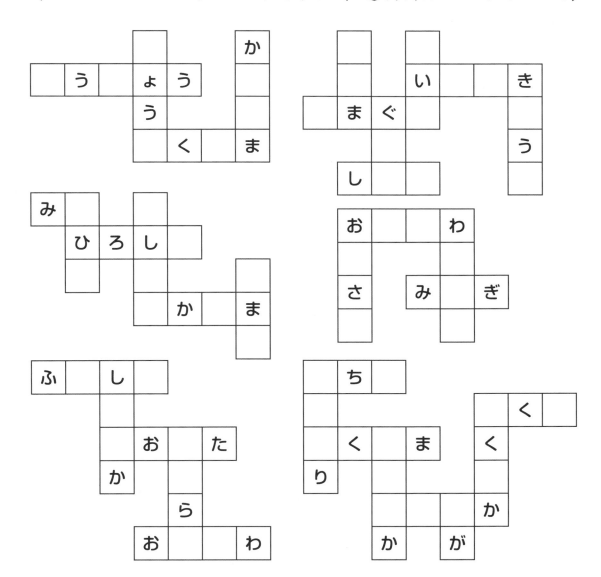

17 都道府県名クロスワードパズル②

答え

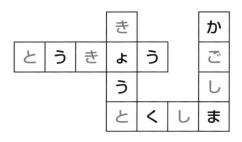

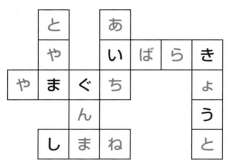

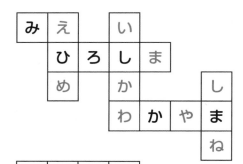

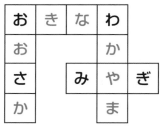

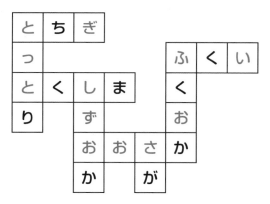

18 歴史まちがいさがし①

歴

この絵は、今から1000年ほど前の、「平安時代」の様子だよ。でも実は、この絵の中には「平安時代」にまだ無かったものが4つあるよ。よく絵を見て、4つのまちがいを見つけよう！

18 歴史まちがいさがし①

答え

鉄ぽう

か取り線こう

たたみ

うちわ

解説

まず、庭にいる男の人が持っている鉄ぽう、これは1543年に日本に伝わったとされている。そして、うずまき式のか取り線こう、これは20世紀になってから登場したよ。また、当時はうちわではなくせんすを使うのが一ぱん的だったよ。かき氷は無かったんじゃないか？と思いがちだけど、身分の高い「き族」の人たちは、地下にある「氷室」に雪や氷を貯ぞうして、夏に楽しんでいたんだ。そして、たたみは部屋全体にしくのではなく、えらい人がすわる所にだけしいていたんだ。

19 歴史まちがいさがし②

歴

この絵は、今から600年ほど前の、「室町時代」
の様子だよ。でも実は、この絵の中には
「室町時代」にまだ無かったものが5つあるよ。
よく絵を見て、5つのまちがいを見つけよう！

19 歴史まちがいさがし②

答え _{こた}

テーブルと
いす

天守 _{てんしゅ}

急すと _{きゅう}
お茶わん _{ちゃ}

ドア

地図の北海道 _{ちず ほっかいどう}

解説 _{かいせつ}

テーブルといすが使われるようになったのは明治時代に入って _{つか めいじ}
から。ドアも明治時代からだよ。おしろに天守（天守かく）が
きずかれるようになるのは、織田信長などが活やくした安土桃 _{お だ のぶなが かつ あ づちもも}
山時代になってからだよ。きゅうすとお茶わんのセットは、江 _{やま え}
戸時代の後期に広まったもの。そして、当時の日本全国の地図 _{ど こうき ひろ とうじ にほんぜんこく}
には、げんざいの北海道はかかれていなかったんだ。北海道が
「日本」の一部になったのは明治時代で、それまでは「えぞ地」 _{いちぶ ち}
と呼ばれていたんだ。

20 きゅう国名クイズ

次の特産品はどの都道府県のものかな？
きゅう国名をヒントに考えよう！

土佐和紙

紀州 南高梅

伊賀忍者

讃岐うどん

加賀友禅

きびだんご

日向夏

阿波おどり

伊勢海老

20 きゅう国名クイズ

答え（こた）

土佐和紙
＝
（こうち）
高知県

紀州南高梅
＝
（わかやま）
和歌山県

伊賀忍者
＝
（みえ）
三重県

讃岐うどん
＝
（かがわ）
香川県

加賀友禅
＝
（いしかわ）
石川県

きびだんご
＝
（おかやま）
岡山県

日向夏
＝
（みやざき）
宮崎県

阿波おどり
＝
（とくしま）
徳島県

伊勢えび
＝
（みえ）
三重県

解説（かいせつ）

土佐、伊賀、伊勢、日向、讃岐、加賀、阿波は、地図（ちず）で確認（かくにん）する
とげんざいの都道府県がわかるよ。紀州は、紀伊国（きいのくに）という意味（いみ）で、
「州」（しゅう）は国（くに）を表（あらわ）す。紀伊国をりゃくして紀州というんだ。信州（しんしゅう）
は信濃国（しなののくに）のりゃくで、甲州は甲斐国（かいのくに）のりゃくだよ。
げんざいの岡山県は、備前（びぜん）・備中（びっちゅう）とよばれ、広島県（ひろしま）の東部（とうぶ）は備（びん）
後（ご）と呼ばれていたんだ。もともとは３つで１つのまとまりで「吉（き）
備国」（きびのくに）という名前（なまえ）だったよ。原料（げんりょう）の「きび」とかけているんだ。

21 これって何の音？

歴

昔の日本では、今とは少しちがう
ぎ音語（音を表す言葉）や
ぎたい語（様子を表す言葉）が使われていたよ。
「びよ」「えふえふ」「ねうねう」「ころ」「い」「ここ」
これって何の音だろう？

(　　　　　)　　(　　　　　　)　　(　　　　　　)

(　　　　　)　　(　　　　　　)　　(　　　　　　)

21 これって何の音？

答え

(い) (びよ) (ここ)

(ころ) (ねうねう) (えぶえぶ)

解説

ぎ音語やぎたい語のことを、「オノマトペ」というよ。日本語は、他の言語とくらべるとオノマトペの種類がとても多いといわれているんだ。でも、今と昔ではずいぶん印象がちがうものもあるね。たとえば犬の鳴き声は、今は「ワンワン」が一ぱん的だけど、江戸時代より前は「びよ」だった。当時はかい犬より野生の犬の方が多かったので、遠ぼえの声が「びょ～～っ！」と聞こえていたんだって！ 馬の鳴き声は「い」で、馬の「いななき」の語げんになっているよ。

22 都道府県名 クロスワードパズル③ 地

都道府県名を使って、
クロスワードパズルを完成させよう！
（１つのまとまりには、同じ都道府県は入らないよ）

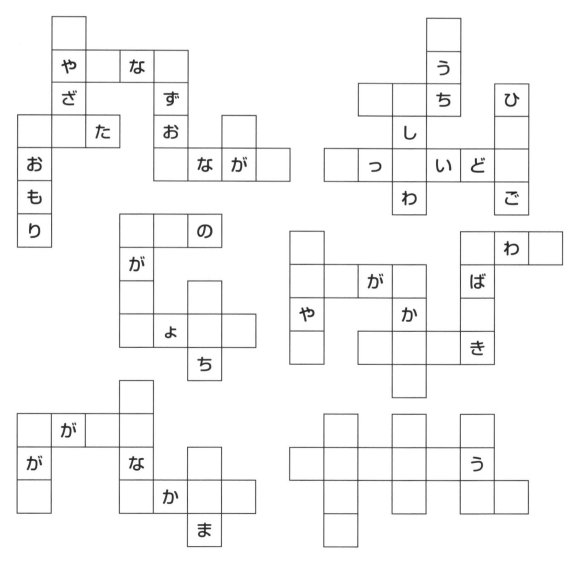

22 都道府県名クロスワードパズル③

答え

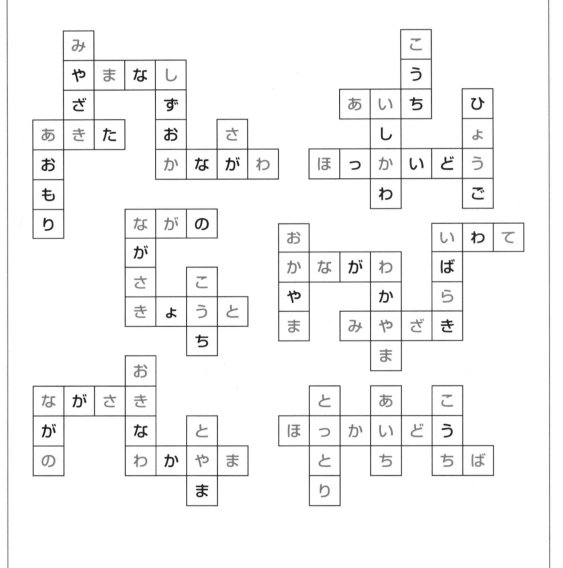

23 万葉仮名クイズ①

なぞぺ〜 A 問題

歴

うわっ 漢字ばっかり！ 中国語の本？

これは『万葉集』といって1300年前に日本で書かれた書物だよ。

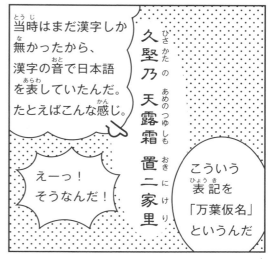

当時はまだ漢字しか無かったから、漢字の音で日本語を表していたんだ。たとえばこんな感じ。

久堅乃 天露霜 置二家里

えーっ！そうなんだ！

こういう表記を「万葉仮名」というんだ

うーん、でも漢字が多くて何て読むのかわかりづらいよ。

そこでひらがなとカタカナが発明されたんだ。

うーん

でも、中にはなぞなぞみたいなものもあっておもしろいよ！たとえば、これは何て読むかわかるかな？

十六

ヒント
① 「じゅうろく」ではありません！
② 他の教科とつなげて考えよう！（とくに算数かな…）
③ 例ば、伊野十六、十六真伊のように使います！

23 万葉仮名クイズ①

答え

こた

しし

解説

かいせつ

万葉仮名の中につかわれている「十六」。これは、「しし」と読むよ。なぜかわかるかな？

そう、「４×４＝１６」⇒「ししじゅうろく」だから、十六を「しし」と読むんだ。日本の言葉を漢字だけで表すのはとても大変だけど、1300年前の人びとは、クイズのように漢字をあてはめて、楽しみながら文章を書いていたんだね。ちなみに、十六を「しし」と読むことから、すでにこの時代、日本に「かけ算九九」が存在していたということがわかったんだよ。

他にも、「八十一」と書いて「くく」と読ませたり、「蜂音」と書いて「ぶ」と読ませたり（蜂が飛ぶ音は「ぶ」とか「ぶー」と聞こえるからだね！）、万葉仮名は本当に遊び心がいっぱいだよ！

24 万葉仮名クイズ②

歴

万葉仮名って
おもしろい！
他にもあるの？

もちろん！

これは
どうかな？

山上復有山

「復」って
どういう
意味だろう…

「復習」とか「往復」
とかに使われる字だから、
「もう一度」という
意味だね。

うーん

ちなみに…

五文字使って、
ある漢字一文字を
表しているよ。

えーっ!!

ヒント
① 五文字で表される漢字は五画です
② その漢字は「〜る」と送りがながつきます
③ 紙に「山上復有山」を書いてみよう！
　（五文字の指じ通りに書くのがポイントだよ！）

24 万葉仮名クイズ②

答え

この問題は、五文字の指じ通りにペンを動かしてみると、
答えが分かったはずだよ。

山上　⇨ 山の上に

復有山 ⇨ もう一度山が有る

これを書いてみると…

「出」が
答えでした！

山
⇩
山
山
⇩
出

服そうを時代順にならべよう

歴

長い歴史の中で、服そうにもうつり変わりが
あったよ。古い順にならびかえてみよう。

25 服そうを時代順にならべよう

答え

「みずら」
というかみ型

首から
「まが玉」
を下げている

足もとは
くつ

手には
しゃくを持つ

「おすべらかし」
というかみ型

十二単という着物

古墳時代のごう族
（1600年くらい前）
⇨
飛鳥時代の役人
（1400年くらい前）
⇨
平安時代の女官
（1000年くらい前）
⇨

「ひたたれ」
という服

後の時代には、
武士の服装
となっていく

「かたぎぬ」

「はかま」

江戸時代は
ひげをはやさない

「かみしも」

「長ばかま」

平安時代末期のしょ民
（850年くらい前）
⇨
安土桃山時代の武士
（430年くらい前）
⇨
江戸時代の高級武士
（200年くらい前）

26 おしろの工夫

歴

との様が新しくおしろをきずくことになった。
でも、てきの進入をふせぐへいのつくりを
どうするかで意見が分かれている。
どちらの軍しの意見を取り入れようか?

1

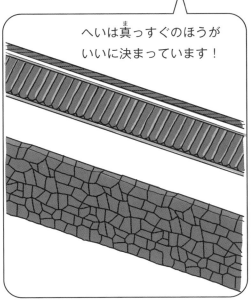

へいは真っすぐのほうが
いいに決まっています!

2

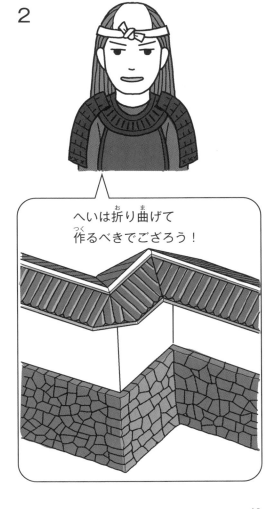

へいは折り曲げて
作るべきでござろう!

61

26 おしろの工夫

答え

2 折り曲げる

解説

真っすぐだと
１つの方向からしかこうげき
することができないけど…

折り曲がっていると、
色いろな方向からこうげき
することができるよ！

右の図のように、色いろな方向から同時にこうげきするしくみを「横矢がかり」というんだ。おしろを見にいくときには、どの方向からこうげきできるようになっているか、観察してみると面白いよ！

社会科に関心を持つために

社会科への理解を深めるために一番大切なこと。それは、実物に触れることだと思います。日本には、あるいは世界には、歴史的な建造物や特徴的な住まい、その土地ならではの素晴らしい風景がたくさんあります。それらを五感で味わうこと、そして感動することが知識を覚えることを助けてくれますし、「もっと知りたい！」という気持ちの原動力になります。この、「もっと知りたい！」という状態になってしまえばこっちのもの。あとはどんどん世界が深く、広くなっていくはずです。

　この経験をより印象深いものにするためには、下調べが必要です。あらかじめ、それはどんなものなのか、どんな歴史があるのか、なぜ存在しているのか、といったことを、予習しておくのです。そうすると、「これはどういうことだろう？」とか「ようし、これだけは必ず見ておこう！」というような視点が生まれてくるものです。その状態で出会う「実物」は、きっと特別なものとして目に映るはずです。何も知らずに出会っても、「眺める」という状態で終わってしまうことはよくあることです。下敷きになる知識があると、「眺める」→「見る」→「観察する」、というふうに物の見方が深まり、広がり、立体的になっていきます。

　以前、数十人の子どもたちを連れて横浜の歴史散歩をしたことがあります。午前中に横浜の歴史を座学で学び、午後は外に出て歴史巡りをしたのですが、ほとんどの子どもが目を皿のようにして町の様子に注意をはらっています。そして、それらしい木を見るたびに、「あの木ですか！？」という質問が次々に飛び出してきます。横浜は1854年に日米和親条約が結ばれた場所、開国の舞台です。その時の様子をえがいた

横浜開港資料館の「たまくすの木」

絵に、一本の木が登場するのですが、実は横浜にはその木が今も残っているのです。午前中の授業で「日本史上最大級の歴史的事件を見守っていた木が残っているんだよ」と説明していたものですから、子どもたちはみんな町の様子を注意深く観察して歩いていたのです。横浜の大さん橋近くに横浜開港資料館という建物があります。この資料館の中庭に「あの木」があるのですが、実物を目にした子どもたちは大感激。もちろん、知らなければただのありふれた一本の木です。でも、視点が備わっていることで、ありふれた光景が特別な光景として目に映り、感動とともに心に残るのです。

　以下は、歴史散歩に参加してくれた子どもたちのアンケートです。「感動したことは、開港資料館にあった大きな木です。ペリー再来航の様子を見ていて、今も残っているので感動しました。」「私が今日一番感動したことは、日米和親条約が結ばれた地が見られたことです。木のことにはびっくりしました。今でも残っているのが『すごい』と思いました。」

　何でも構いません。「これだけは見てみたい！」「どうなっているのか気になる！」という、観察のための手がかり、それを得てから実物に触れること。社会科を面白がるコツの一つがここにありそうです。

1 地図を作ろう！

地

地図記号を下から選んで、カッコの中に
書き入れよう。（なにも入らないカッコもあるよ。）

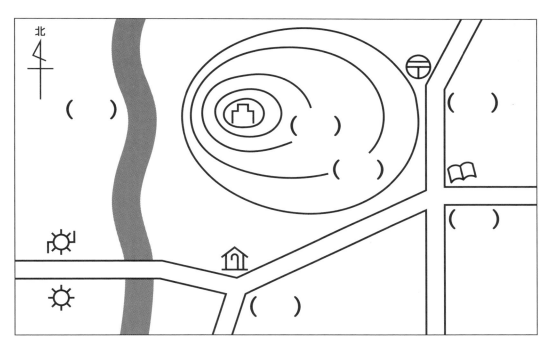

 ヒント

1　おかのしゃ面には、神社とお寺があり、神社からは、お寺の屋根を
　　見下ろすことができるよ。
2　しろあとの西には果じゅ園があるよ。
3　老人ホームの北東の交差点のところに、消ぼうしょがあるよ。
4　川を西から東にわたると、Y字路のところに小学校があるよ。

1 地図を作ろう！

答え

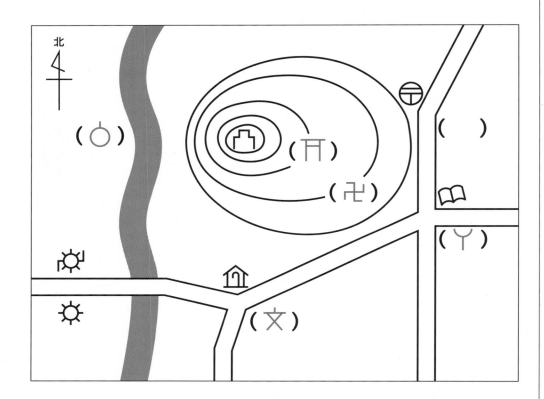

地図の上の方にあるうずまきのようなものは「等高線」。この場合、うずまきの真ん中に向かって高くなっているから、神社とお寺はこの位置になるんだ。

工場と発電所・変電所はまぎらわしいけど、見分けがつくかな？

2 どの地<ruby>地<rt>ち</rt></ruby>いきの家<ruby>家<rt>いえ</rt></ruby>？
世界<ruby>世界<rt>せかい</rt></ruby>へん

地図<ruby>地図<rt>ちず</rt></ruby>の中<ruby>中<rt>なか</rt></ruby>から、

それぞれの家がどの地いきの家か選<ruby>選<rt>えら</rt></ruby>んでみよう！

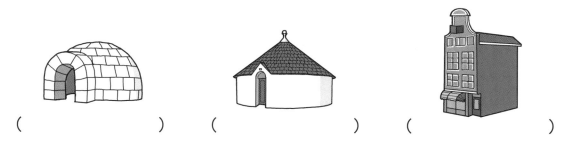

(   )   (   )   (   )

オランダ

トルコ（カッパドキア）

モンゴル

カナダ北部<ruby>北部<rt>ほくぶ</rt></ruby>

イタリア
（アルベロベッロ）

イラン

(   )   (   )   (   )

地

2 どの地いきの家？ 世界へん

答え

(カナダ北部)　(イタリア) 　(オランダ)
　　　　　　　　　　（アルベロベッロ）

(イラン)　(トルコ)　(モンゴル)
　　　　　　　（カッパドキア）

解説

世界には様ざまな気候があって、それによって家のつくりも色いろなんだ。カナダ北部の氷雪地帯では、イヌイットの人たちが「イグルー」という雪の家を作る。モンゴル高原では、遊牧に適したテント型の「ゲル」が作られる。イランはかんそうしていて暑いので、風をとり入れるための「バードギール」が家の上部にある。カッパドキアは、きのこ型の岩をくりぬいたどうくつ式の家が有名だ。イタリアのトゥルッリは、王様におさめる家のぜい金をのがれるため、屋根をすぐこわせるようになっている。オランダの家はぼう火用にレンガが使われ、雨でくさらないように、木にはペンキがぬられている。

3 どの地いきの文字？
昔へん

地

下の文字は、昔世界で使われていた文字だよ。

それぞれどの文字かわかるかな？

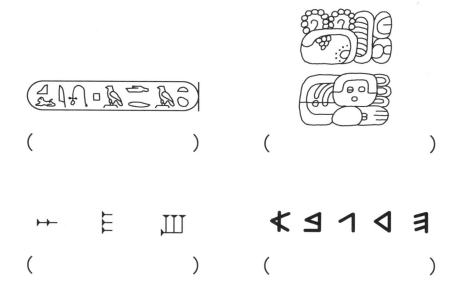

(　　　　　　　　)　　(　　　　　　　　)

(　　　　　　　　)　　(　　　　　　　　)

地中海しゅう辺のフェニキア文字

中東地いきのくさび形文字

中米地いきのマヤ文字

エジプトのヒエログリフ

3 どの地いきの文字？ 昔へん

答え

（ ヒエログリフ ）

5000年以上前からエジプトで使われていたといわれる文字。漢字のように、物の形を写して作られた象形文字だけど、カタカナやひらがなのように「音」を表すことが多いよ。

（ マヤ文字 ）

2000年以上前の、中米地いき（メキシコ南部、グアテマラ周辺）で使われた象形文字（ものの形を写した文字）だよ。いくつかの文字が組み合わさって1つのかたまりになっているよ。

（ くさび形文字 ）

4大文明の1つである「メソポタミア文明」が栄えた、げんざいのイラクなどで使われていたよ。ねん土の板に、先のとがった植物のくきを押し当てて書かれているよ。当時の国さい的な文字だったんだ。

（ フェニキア文字 ）

3000年以上前、げんざいのレバノンにあたる地いきで使われていた文字。エジプトのヒエログリフをもとに作られたといわれているよ。アルファベットや、アラビア文字などのもとになっているといわれるよ。

4 お米作りの順番は？

生

お米作りは大変っていうけど、どんなふうに作るんだろう？

いただきまーす

下のような作業があるよ。順番にならべられるかな？

代かき　　　中ほし・農薬まき　　　いねかり

田おこし　　　なえを育てる　　　田植え

(　　　　　)⇨(　　　　　)⇨(　　　　　)⇨

(　　　　　)⇨(　　　　　)⇨(　　　　　)

4 お米作りの順番は？

答え

(なえを育てる)【3月から4月】

⇩ なえ箱に種をまいて、
芽が出てきたら田んぼの一区画に移すよ。

(田おこし)【4月】

⇩ トラクターなどを使って、
田んぼの土をたがやすよ。

(代かき)【5月】

⇩ 田んぼに水を入れて、
トラクターなどで土を細かくしていくよ。

(田植え)【5月】

⇩ 育ったなえをなえ箱からはずして、田植え機で植えるよ。

(中ほし・農薬まき)【6～8月】

夏の暑い時季に、田んぼの水をぬく。
土にヒビが入るまでかわかして、
⇩ いねの根がふかくのびるようにするよ。
同時に病気や害虫をふせぐために、
農薬やひ料をまくよ。

(いねかり)【9～10月】

コンバインでいねかりと脱こくをします。そのあと
かんそうさせ、もみすりをして、出荷するよ！

5 都道府県名クロスワードパズル 地

都道府県名を使って、
クロスワードパズルを完成させよう！
（１つのまとまりには、同じ都道府県は入らないよ）

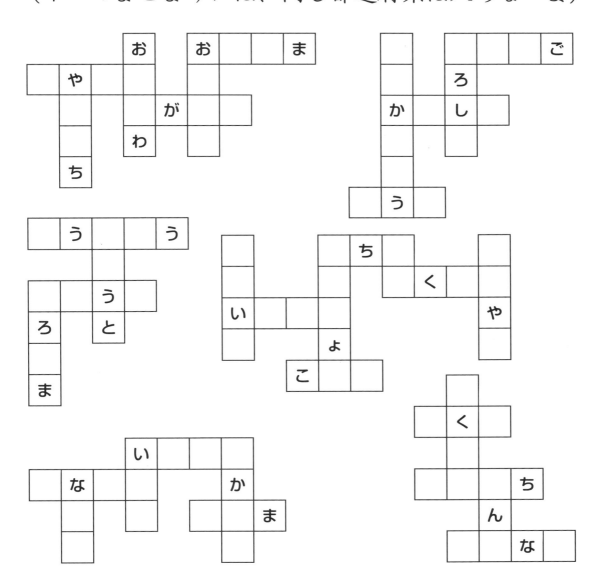

5 都道府県名クロスワードパズル

答え

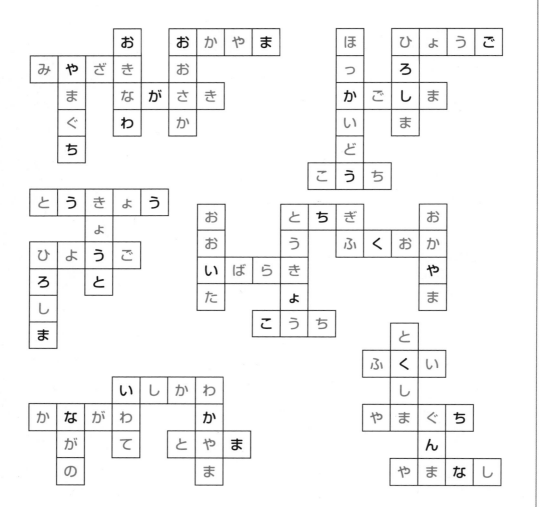

6 ぼうさいグッズ

公

いざという時のために
ぼうさいグッズを
用意しておくのは
大事だね。

そうだね！

非常用

水 水

でも、日常的に使っているものも
工夫すればぼうさいグッズに
なるよ！

本当!?

どんなふうに
活用できるか
考えてごらん！

うーん

週刊問題

ツナ

新聞

50

6 ぼうさいグッズ

 答え

ツナかん

かんにあなを開けてティッシュの
こよりを差しこめば **ランプ** に！

中身は
ちゃんと
食べられるよ

新聞紙

新聞紙を折って **スリッパ** に！

われた
ガラスなどから
足を守るよ！

雑誌

雑誌を開いて
かぶれば **ぼうさい頭きん** に！

落下物から
身を守るよ

サランラップ

お皿にラップをしいて、
その上に **食事** をもりつける

お皿をあらう
必要がないから、
だん水中も
食事できるね

7 色いろなしゅう教 公

どれがどのしゅう教のおいのりの仕方か、
考えてみよう！

1

2

3

4

イスラム教　（　　　）　　　神道　（　　　）

ヒンドゥー教（　　　）　　　ユダヤ教（　　　）

79

7　色いろなしゅう教

答え
<small>こた</small>

イスラム教　（　１　）　　　　　神道　　（　４　）

ヒンドゥー教（　３　）　　　ユダヤ教（　２　）

解説
<small>かいせつ</small>

世界には本当に色いろな種類のしゅう教があるよ。中でも三大しゅう教といわれるのが、キリスト教、イスラム教、仏教なんだ。キリスト教、イスラム教のもとになったといえるのがユダヤ教で、この３つは「一神教」といわれ、ただ一人の神様を信じている。ぎゃくに多くの神様がそんざいしているのが、主にインドで信じられているヒンドゥー教と、日本の神道だ。この２つは、地いき・民族に根ざしているので、民族しゅう教と呼ばれているんだよ。ちなみにユダヤ教は、一神教でもあり、民族宗教でもあるんだ。

8 グラフを選ぼう！
ゆ出・ゆ入へん

地

ヒントをもとに、
どの港のゆ出・ゆ入グラフか考えてみよう。

名古屋港（　　）…豊田市が近くにあるというじょうけんを生かして、
ゆ出をたくさんしているよ

成田空港（　　）…飛行機でも運ぶことのできる小さくて軽いもの、
そして飛行機代の高さ以上に利えきの出る高かなものが多いよ

長崎港　（　　）…県内で昔からさかんなぞう船業を生かしたゆ出品が特ちょうだよ

東京港（　　）…大都市をささえるために、生活必じゅ品を多く扱っているよ

1
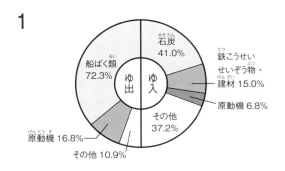

2
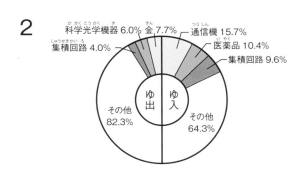

3
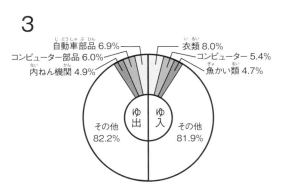

4
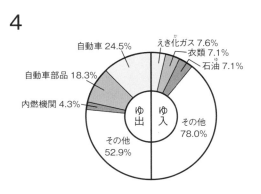

8 グラフを選ぼう！　ゆ出・ゆ入へん

答え

成田空港（ ２ ）

飛行機で荷物を運ぶので、軽くて小さく、高かなものが多いよ。「金」があるのも特ちょうだよ。

名古屋港（ ４ ）

トヨタ自動車で有名な豊田市が近いから、自動車関連のゆ出が多いよ。

東京港（ ３ ）

人口が多いので、衣類や食料品のゆ入がとても多いよ。

長崎港（ １ ）

ぞう船業が昔からさかんな長崎では、船ぱく類のゆ出がとても多いんだ。

これ以外にも、全国のぼうえき港では、地いきの産業ごとに特色がみられるよ！

9 グラフを選ぼう！
世界の気候へん

 地

ヒントをもとに、
どの都市のこう水量グラフか考えてみよう。

カイロ 　　　　　　　（　　　　）・・・ こう水量がとても少ないよ。

シンガポール 　　　　（　　　　）・・・ 平きん気温が高くて、こう水量も多いよ。

ローマ 　　　　　　　（　　　　）・・・ 夏にかんそうして冬に雨が多いよ。

ブエノスアイレス（　　　　）・・・ 6〜8月に寒くて12〜2月にあたたかいよ。

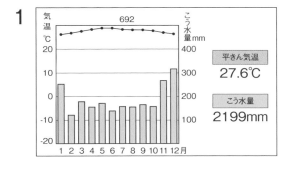

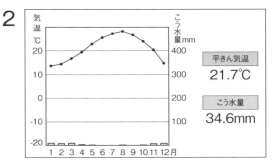

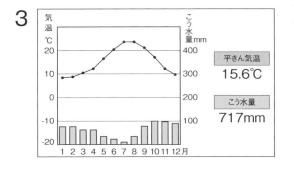

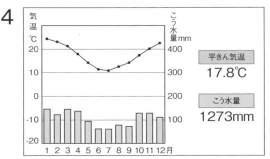

9 グラフを選ぼう！ 世界の気候へん

答え

ローマ（ ３ ）
国：イタリア

カイロ（ ２ ）
国：エジプト

シンガポール（ １ ）
国：シンガポール

ブエノスアイレス（ ４ ）
国：アルゼンチン

解説

世界には様ざまな気候があって、大きく温帯、熱帯、かんそう帯、あ寒帯、寒帯の５つに分かれるよ。日本は温帯にぞくしていて、ヨーロッパの大部分も同じ温帯だよ。ブエノスアイレスも温帯だけど、南半球にあるから、日本やヨーロッパとは季節がぎゃくになるよ。シンガポールは赤道のすぐ近くだから熱帯だね。雨が多く、１年中暑いよ。カイロはかんそう帯で、雨がほとんどふらないんだ。

10 都道府県庁所ざい地名 クロスワードパズル① 地

都道府県庁所ざい地名を使って、

クロスワードパズルを完成させよう！

（１つのまとまりには、同じ所ざい地は入らないよ）

10 都道府県庁所ざい地名クロスワードパズル①

答え

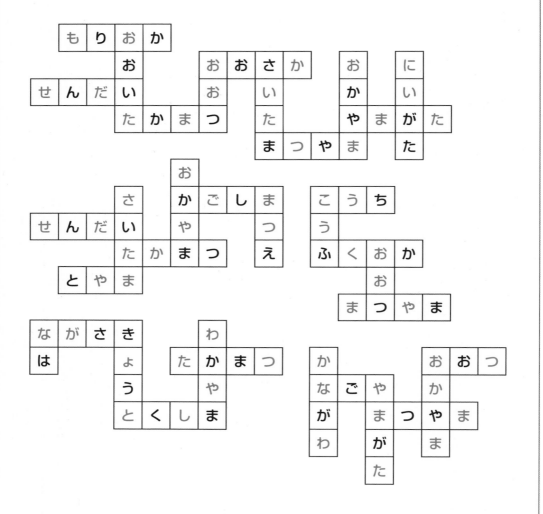

11 歴史まちがいさがし

歴

この絵は、今から430年ほど前の、
「安土桃山時代」の様子だよ。でも実は、
この絵の中には「安土桃山時代」に
まだ無かったものが5つあるよ。
よく絵を見て、5つのまちがいを見つけよう！

11 歴史まちがい探し

答え

電柱・電線

文字の向き

郵便ポスト

お札

土俵

解説

この時代には、まだ電柱は無かった。郵便ポストが登場したのは明治時代の初めなんだけど、当時の人は「垂便」、つまり便を垂れる場所という意味でトイレだとかんちがいしてしまったんだ！　本当に用を足してしまった人もいたらしいよ。お店のかんばんの文字は、読む方向が左右ぎゃく。昭和の初めまでは、右から左に読んでいたんだ。また、当時のお金はお札ではなくてこう貨（コイン）だったよ。また、このころすもうの土俵は無く、人が周りをかこんでいたんだって。ヨーロッパの人びとが日本にやってきたのもこのころだよ。

12 きゅう国名クイズ①

地　歴

下の路線名は、きゅう国名をもとにしているよ。
何県と何県を起点・終点にしているかわかるかな？

①土讃線

（　　　　　　　　　）と（　　　　　　　　　）

②羽越本線

（　　　　　　　　　）と（　　　　　　　　　）

③紀勢本線

（　　　　　　　　　）と（　　　　　　　　　）

④筑肥線

（　　　　　　　　　）と（　　　　　　　　　）

12 きゅう国名クイズ①

答え
<ruby>答<rt>こた</rt></ruby>え

①土讃線

<ruby>土<rt>と</rt></ruby><ruby>佐<rt>さ</rt></ruby>と<ruby>讃<rt>さ</rt></ruby><ruby>岐<rt>ぬき</rt></ruby>だから、

（　　<ruby>高知県<rt>こう ち</rt></ruby>　　）と（　　<ruby>香川県<rt>か がわ</rt></ruby>　　）

②羽越本線

<ruby>羽<rt>う</rt></ruby><ruby>後<rt>ご</rt></ruby>と<ruby>越<rt>えち</rt></ruby><ruby>後<rt>ご</rt></ruby>だから、

（　　<ruby>秋田県<rt>あき た</rt></ruby>　　）と（　　<ruby>新潟県<rt>にいがた</rt></ruby>　　）

③紀勢本線

<ruby>紀<rt>き</rt></ruby><ruby>伊<rt>い</rt></ruby>と<ruby>伊<rt>い</rt></ruby><ruby>勢<rt>せ</rt></ruby>だから、

（　　<ruby>和歌山県<rt>わ か やま</rt></ruby>　　）と（　　<ruby>三重県<rt>み え</rt></ruby>　　）

④筑肥線

<ruby>筑<rt>ちく</rt></ruby><ruby>前<rt>ぜん</rt></ruby>と<ruby>肥<rt>ひ</rt></ruby><ruby>前<rt>ぜん</rt></ruby>だから、

（　　<ruby>福岡県<rt>ふくおか</rt></ruby>　　）と（　　<ruby>佐賀県<rt>さ が</rt></ruby>　　）

13 きゅう国_{こく}名_{めい}クイズ②

地 地

2つ以上_{いじょう}の国名がもとになってできた地_ち名だよ。
どことどこがもとになっているかな?

①濃尾平野_{のうびへいや}

(　　　　　　　　　　)と(　　　　　　　　　　　　)

②豊予海峡_{ほうよかいきょう}

(　　　　　　　　　　)と(　　　　　　　　　　　　)

③房総半島_{ぼうそうはんとう}

(　　　　　　)と(　　　　　　　)と(　　　　　　　)

④三陸海岸_{さんりくかいがん}

(　　　　　　)と(　　　　　　　)と(　　　　　　　)

13 きゅう国名クイズ②

答え（こた）

①濃尾平野
　　（　　　　美濃（みの）　　　　）と（　　　　尾張（おわり）　　　　）

②豊予海峡
　　（　　　　豊後（ぶんご）　　　　）と（　　　　伊予（いよ）　　　　）

③房総半島
　（　　安房（あわ）　　）と（　　上総（かずさ）　　）と（　　下総（しもうさ）　　）

④三陸海岸
　（　　陸前（りくぜん）　　）と（　　陸中（りくちゅう）　　）と（　　陸奥（むつ）　　）

三陸海岸
（陸前・陸中・陸奥）
上の三つの国にまたがる海岸だよ（うえ・みっ・くに）

濃尾平野
（美濃と尾張）
岐阜県と愛知県に
またがる平野だよ

豊予海峡
（豊後と伊予）
大分県と愛媛県の（おおいた・えひめ）
間にある海峡だよ

房総半島
（安房と上総・下総）
千葉県にある半島だよ（ちば）

14 昔の道具 何に使った？①

歴

下の道具は、鎌倉時代から江戸時代くらいまで
使われていた「矢立」という道具だよ。
今の道具に置きかえると、何にあたるかな？

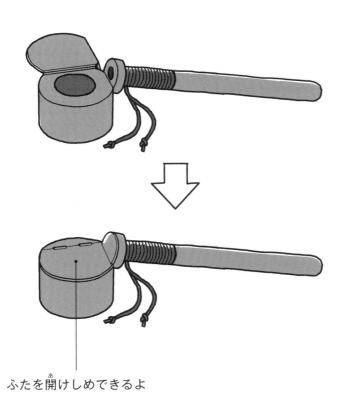

ふたを開けしめできるよ

帯などにさして持ち運びしたよ

14 昔の道具何に使った？①

答え

筆箱

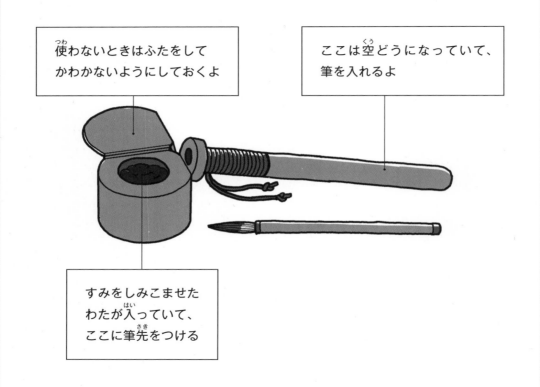

使わないときはふたをして
かわかないようにしておくよ

ここは空どうになっていて、
筆を入れるよ

すみをしみこませた
わたが入っていて、
ここに筆先をつける

解説

この道具は「矢立」といって、持ち運ぶことのできるすみと筆なんだ。今でいえば、ボールペンや万年筆、あるいは筆箱にあたるものだよ。

15 都道府県庁所ざい地名 クロスワードパズル② 地

都道府県庁所ざい地名を使って、
クロスワードパズルを完成させよう！
（１つのまとまりには、同じ所ざい地は入らないよ）

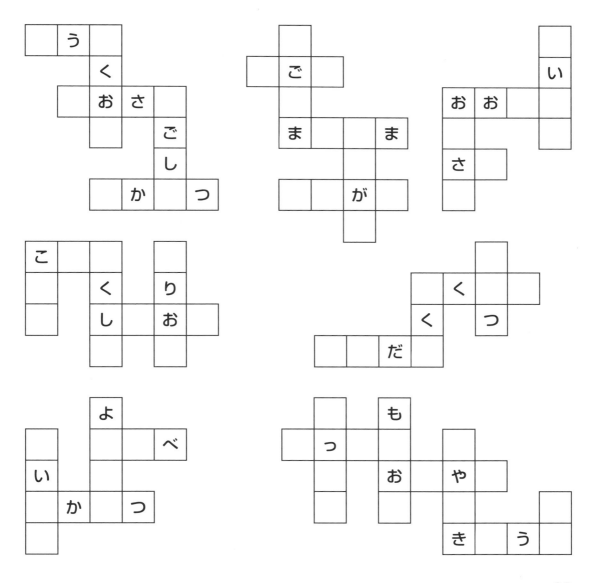

15 都道府県庁所ざい地名クロスワードパズル②

答え

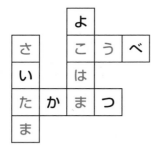

16 昔の道具 何に使った？②

歴

下の道具は、今から1000年以上昔に使われていた「ちゅう木」というものだよ。

今の道具に置きかえると、何にあたるかな？

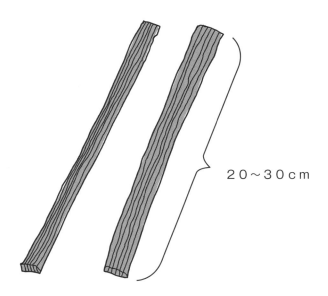

20〜30cm

ヒント

① もともと別の道具だったものをリサイクルして「ちゅう木」にしているよ

② 今も日じょう生活に欠かせないものだよ！

16 昔の道具 何に使った？②

答え

トイレットペーパー

解説

昔は、紙はとてもき重なもので、身分の高い人しか使えなかったんだ。当時は「木かん」という細い木の板を紙の代わりにして文字を書いていて、表面をけずって何度も利用していたんだ。でも、最後にはすてるしかないから、そのすてる木かんを使って、当時のしょ民はおしりをふいていたんだ。木かん以外に、お茶わんのかけらなども利用されていたよ。きっといたかっただろうね。

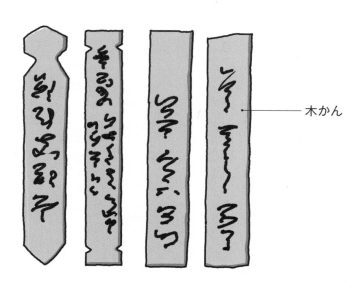

木かん

17 昔の道具 何に使った？③

歴

下の道具は、今から1000年以上昔に使われていた「火のし」というものだよ。

今の道具に置きかえると、何にあたるかな？

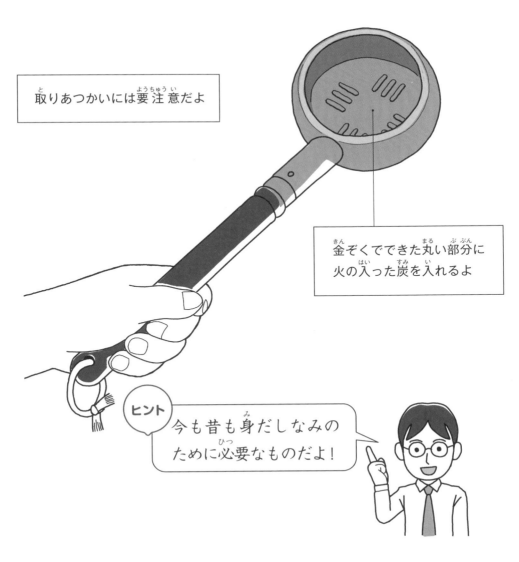

取りあつかいには要注意だよ

金ぞくでできた丸い部分に火の入った炭を入れるよ

ヒント 今も昔も身だしなみのために必要なものだよ！

17 昔の道具何に使った？③

答え<ruby>答<rt>こた</rt></ruby>え

アイロン

炭を入れて、<ruby>器<rt>うつわ</rt></ruby>の<ruby>底<rt>そこ</rt></ruby>の<ruby>平<rt>たい</rt></ruby>らな部分を
おし<ruby>当<rt>あ</rt></ruby>ててしわをのばすよ

<ruby>解説<rt>かいせつ</rt></ruby>

「火のし」は、げん<ruby>代<rt>だい</rt></ruby>でいうアイロンで、
せんたく<ruby>物<rt>もの</rt></ruby>のしわをのばしたりするのに使われていたんだよ。

18 甲冑を時代順にならべよう

長い歴史の中で、甲冑にもうつり変わりがあったよ。古い順にならびかえてみよう。

18 甲冑を時代順にならべよう

答え

木を組み合わせて
鎧にする

木をくり抜いて鎧に
することもあった

甲冑の原型が
完成したのがこのころ

「短こう」という形式

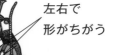

「くわがた」
クワガタムシの由来

左右で
形がちがう

「こて」は
左手だけに
つける

「つらぬき」
というくつ

馬に乗って戦うことを
意しきした「大鎧」

弥生時代 （1800年くらい前）	⇨	古墳時代 （1600年くらい前）	⇨	平安時代 （900年くらい前）	⇨

大鎧より着だつが
楽な「腹巻」

馬から降りて
戦うことが増えて、
何まいかに分かれた
「草ずり」

個性的な
「変わり兜」

実せん的な「当世具足」

鉄ぽうへの守り
として、鉄板が
使われている

平和な時代となり、
実用性より見た目重しに

大鎧を
イメージした
「復古調」も
流行したよ

室町時代 （600年くらい前）	⇨	安土桃山時代 （430年くらい前）	⇨	江戸時代 （200年くらい前）

19 おしろの工夫①

歴

19 おしろの工夫①

答え

1　ほりを二重にする

解説

急いで守りを固める場合を考えると、ほりを2重にした方がよい。そうすれば、深さを2倍にしたときの3分の1の労力ですむよ。

ほりを二重にすると…

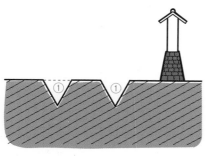

もとの深さの1つ分を
ほるだけですむよ！

ほりの深さを二倍にすると…

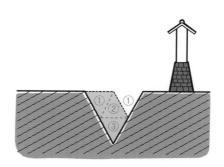

もとの深さの3つ分を
ほることになるよ。

20 おしろの工夫②

歴

との！
地しんで天守がかたむいて、
おまけに雨もりがしております！

えっ

うーん、
天守も古くなったし、
そろそろ建てかえの
時期かもしれんな。

1

かざりの無い塔のような
つくりがよいかとぞんじます！

2

いや、破風をつけてぼうぎょ力を
上げるべきでございましょう！

うーむ

どっちが戦に
有利なんだろう？

20 おしろの工夫②

<ruby>答<rt>こた</rt></ruby>え

1　破風の<ruby>無<rt>な</rt></ruby>い塔のような天守

<ruby>解説<rt>かいせつ</rt></ruby>

破風が無ければ…

<ruby>全<rt>すべ</rt></ruby>ての<ruby>方向<rt>ほうこう</rt></ruby>に
こうげきすることができる
＝<ruby>死角<rt>しかく</rt></ruby>が無い

破風があると…

破風がじゃまをして
こうげきできない方向が
できてしまう＝死角がある

<ruby>多<rt>おお</rt></ruby>くのおしろで、破風はおしろの<ruby>美<rt>うつく</rt></ruby>しさを<ruby>強調<rt>きょうちょう</rt></ruby>するために
つけられている。つまり、<ruby>機<rt>き</rt></ruby>のうとして無くてはならないわけ
ではないんだ。美しさと<ruby>強<rt>つよ</rt></ruby>さのバランスをとるのは<ruby>難<rt>むずか</rt></ruby>しいん
だね。

巻末付録

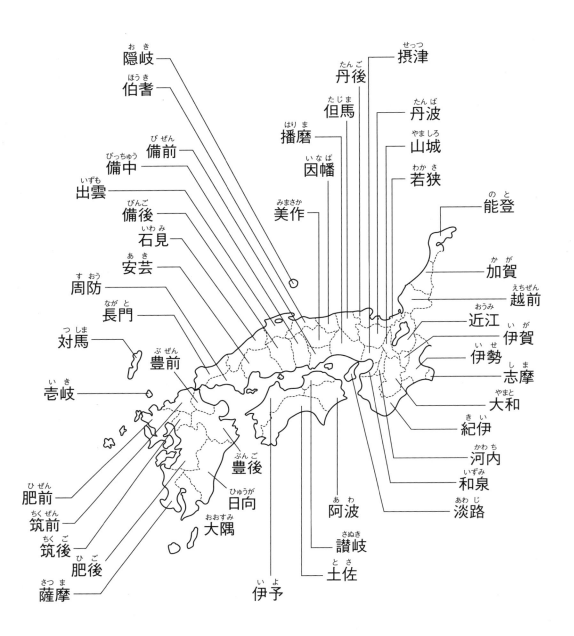

隠岐（おき）
伯耆（ほうき）
備前（びぜん）
備中（びっちゅう）
出雲（いずも）
備後（びんご）
石見（いわみ）
安芸（あき）
周防（すおう）
長門（ながと）
対馬（つしま）
豊前（ぶぜん）
壱岐（いき）
肥前（ひぜん）
筑前（ちくぜん）
筑後（ちくご）
肥後（ひご）
薩摩（さつま）

播磨（はりま）
因幡（いなば）
美作（みまさか）

丹後（たんご）
但馬（たじま）
摂津（せっつ）
丹波（たんば）
山城（やましろ）
若狭（わかさ）
能登（のと）
加賀（かが）
越前（えちぜん）
近江（おうみ）
伊賀（いが）
伊勢（いせ）
志摩（しま）
大和（やまと）
紀伊（きい）
河内（かわち）
和泉（いずみ）
淡路（あわじ）

豊後（ぶんご）
日向（ひゅうが）
大隅（おおすみ）
阿波（あわ）
讃岐（さぬき）
土佐（とさ）
伊予（いよ）

琉球（りゅうきゅう）

108

きゅう国名地図

p49、89、91ページの問題で使うよ！

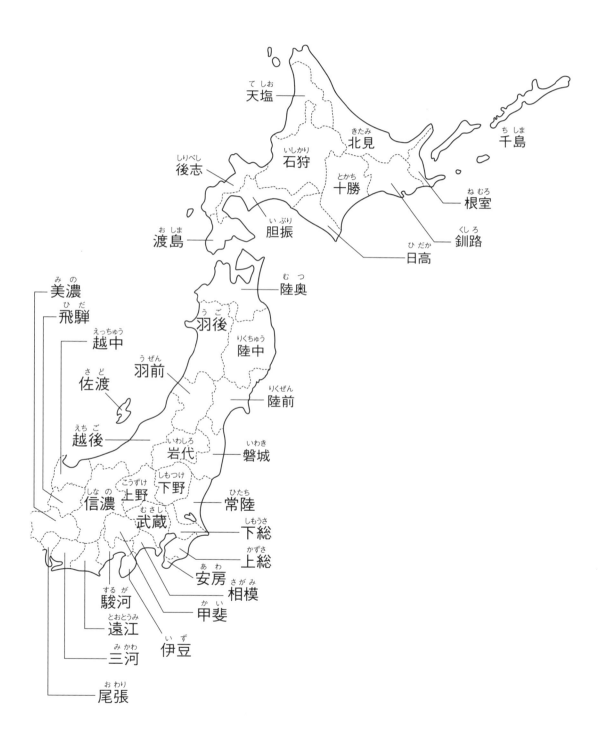

<主な参考文献>

『図解　戦国の城がいちばんよくわかる本』　西股総生著、ベストセラーズ、2016

『オールカラー　徹底図解日本の城』　香川元太郎著、学研プラス、2018

『図説　戦う城の科学』　萩原さちこ著、SBクリエイティブ、2015

『日本語の歴史』　山口仲美著、岩波書店、2006

『犬は「びよ」と鳴いていた』　山口仲美著、光文社、2002

『図説　古代文字入門』　大城道則著、河出書房新社、2018

『日本服飾史　男性編』　井筒雅風著、光村推古書院、2016

『日本服飾史　女性編』　井筒雅風著、光村推古書院、2016

『世界の民族衣装図鑑』　文化学園服飾博物館著、ラトルズ、2019

<出展>

・日本の気候グラフ(p37)

　出典：『日本国勢図会 19/20』矢野恒太記念会

　年度：1981年~2010年の平均値

・日本の輸出入グラフ(p81)

　出典：『日本のすがた2019』矢野恒太記念会

　年度：2017年度

　※長崎港のみ、「明治150年の長崎港の歩み」長崎税関

・世界の気候グラフ(p83)

　出典：『理科年表（平成28年）』

※ p79の宗教のお祈りの仕方は、あくまでも広く知られている一例を掲載しております。

　また、その他の項目についても、同様の方針で編集しております。

著者略歴

高濱正伸 たかはま・まさのぶ

1959年、熊本生まれ。東京大学大学院修士課程卒業。93年、学習教室「花まる学習会」を設立。著作に『考える力がつく算数脳パズルなぞペ〜①②③』をはじめ同シリーズの『新はじめてなぞペ〜』『空間なぞペ〜』『絵なぞペ〜』『迷路なぞペ〜』（以上、草思社）などがある。

狩野 崇 かのう・たかし

群馬生まれ。花まるグループ進学塾部門スクールFCで社会、国語などを担当。通常授業以外にも座学とフィールドワークを融合したユニークな講座を展開する。大人向けの教養講座や、親子向け講座（「お城を学ぶ 城下町で学ぶ」「親子で学ぼう！中東イスラーム」「武士の都・鎌倉 歴史巡りの旅」「地図から考える世界と日本」など）も多数開催。

花まる学習会について

本書は、著者の高濱正伸が主宰する幼児・小学生のための学習教室「花まる学習会」で学習指導に使っている問題をもとに作られています。花まる学習会についてのお問い合わせは、下記までお願いします。

花まる学習会
〒330-0061
埼玉県さいたま市浦和区常盤9-19-10
TEL　048-835-5870
FAX　048-835-5871
URL　http://www.hanamarugroup.jp/

考える力がつく
社会科なぞペ〜

2020©Masanobu Takahama, Takashi Kanou

2020年4月23日　　　　第1刷発行

著　者　高濱正伸・狩野崇
装幀者　南山桃子
発行者　藤田　博
発行所　株式会社 草思社
　　　　〒160-0022　東京都新宿区新宿1-10-1
　　　　電話　営業 03(4580)7676　編集 03(4580)7680

印刷・製本　中央精版印刷株式会社

ISBN978-4-7942-2446-0 Printed in Japan　検印省略

子どもが自分からやりたがる！　花まる学習会の良問が満載。

考える力がつく なぞぺ〜 シリーズ

考える力がつく 国語なぞぺ〜 上級編―― 語彙をゆたかに

<小学4年〜6年>

高濱正伸／丹保由実

「語彙の力」が知力・学力に大きな差を生む――。多様な文章の中の新しい言葉に触れ、楽しい語彙のパズルを解くことで、「新しい言葉に出会う→自分で調べる→もっと新しい言葉を知りたくなる」という、自律学習サイクルを身につけることを促す問題集。

本体価格 ¥1,200

考える力がつく算数脳パズル 論理なぞぺ〜

<小学1年〜6年>

高濱正伸／川島慶／秋葉翔太

子どもが夢中になる楽しい論理パズルで、論理的に考えることが好きになる、得意になる問題集。論理的思考で大切な「文章の意味を要約する力」や「場合分け」「背理法」「対偶」を正しく使う力などが、パズルで遊びながら身につきます。

本体価格 ¥1,100

考える力がつく算数脳パズル 鉄腕なぞぺ〜

<小学4年〜6年>

高濱正伸

選りすぐりの良問が満載！　わくわくする「難問」を体験させることで、問題に対する発想力を育みます。問題をミシン目切り離し式とし、ファイルして復習ノートが作れるようにしました。高学年らしい学習法の習得・習慣づけができる画期的問題集。

本体価格 ¥1,300

考える力がつく算数脳パズル 整数なぞぺ〜

<小学4〜6年編>

高濱正伸／川島慶

中学入試に出るのに学校では教えてくれない！　思考力問題の代表格「整数問題」のセンスを磨く問題集。約数・倍数・因数分解・素数・あまりの数などの基礎から応用までを、楽しいパズルにしました。遊びながら数の感覚が身につくカードゲーム「約数大富豪」付き。

本体価格 ¥1,200

考える力がつく算数脳パズル 空間なぞぺ〜

<小学1年〜6年>

高濱正伸／平須賀信洋

切る、折る、回す、ひっくり返す…。アタマの中でイメージすることが楽しくなる問題集。洗濯や料理や地図など、日常の一コマを題材にした問題を多数収録。身近なもので実際に試して納得する体験により、あと伸びの決め手＝「空間認識」への興味と能力を育みます。

本体価格 ¥1,100

考える力がつく算数脳パズル 絵なぞぺ〜

<小学2年〜6年>

高濱正伸／川島慶

問題文がない！　絵を見て、その様子を正しく表したグラフや表を選ぶ問題集。図で考える力や、グラフや表を読み解く力など、現代社会で特に重要な「言語を介さない抽象的思考」を体験させ、能力を育みます。全74題掲載。

本体価格 ¥1,100

※定価は本体価格に消費税を加えた金額です。